Start up

현직 줌(ZOOM) 강사가 알려주는

하루 만에
ZOOM으로
프로 강사되기

김가현 지음

x

Start up

현직 줌(ZOOM) 강사가 알려주는

하루 만에 ZOOM으로 프로 강사되기

김가현 지음

아티오 ArtStudio

김가현

숙명여자대학교 문화관광학과 졸업 후 오프라인에서 유아영어를 잠시 가르치다가 온라인 강의 시장의 잠재력에 매력을 느껴 본격적으로 뛰어들어 오프라인 강의만큼 전달력 있는 강의로 만들기 위해 열심히 정진 중이다. 온라인 강의의 최대 장점인 재택 근무하는 디지털 노마드 엄마이면서 현재 다꿈스쿨 다줌(zoom)에서 매주 2회 Zoom 강의를 지원하며 학원 및 기관 그리고 개인 강사 분들에게 다양한 Zoom 사용법 강의를 그룹 또는 1대1로 진행하고 있다.

저자와 소통할 수 있는 채널

- 블로그 : https://blog.naver.com/kimtknh
- 인스타그램 : https://instagram.com/gahyun.me_in
- 유튜브 : 줌타강사 https://www.youtube.com/channel/UCDsEHnkkDdvDhm72b6aHm-g
  라이프다이어트라이트 https://youtube.com/c/라이프다이어트라이트lifedietlight

현직 줌(ZOOM) 강사가 알려주는

하루 만에 ZOOM으로 프로 강사되기

2020년 10월 20일 초판 인쇄
2020년 10월 30일 초판 발행

펴낸이	김정철
펴낸곳	아티오
지은이	김가현
표 지	김지영
편 집	이효정
전 화	031-983-4092
팩 스	031-983-4093
등 록	2013년 2월 22일
정 가	9,000원
주 소	서울시 강서구 공항대로 213(보타닉파크타워 2, 마곡동) 1115호
홈페이지	http://www.atio.co.kr

* 아티오는 Art Studio의 줄임말로 혼을 깃들인 예술적인 감각으로 도서를 만들어 독자에게 최상의 지식을 전달해 드리고자 하는 마음을 담고 있습니다.

언택트 시대 온라인 강사만이 살아남는다

코로나 2.5단계를 겪은 대한민국은 그야말로 비상입니다. 아이들은 유치원, 학교, 학원 등 갈 수 없는 환경이고 모든 수업이 비대면으로 이루어지고 있습니다. 급기야 유치원에서도 Zoom으로 선생님과 아이들이 만난다고 하니 이제 온라인 화상 회의는 선택이 아닌 필수입니다. 특히 강사들은 수강생을 모집하여 오프라인에서 강의할 기회가 확연히 줄었습니다. 이런 상황에서 오프라인 강의만 고집할 순 없습니다. "컴맹인데 어떡하지? 이렇게까지 해야 하나?" 하며 차일피일 온라인 강의를 미루던 분들도 지금 Zoom 사용법을 배우고 있습니다.

코로나로 가장 큰 혜택을 받은 것이 바로 온라인 화상 회의 시스템 Zoom입니다. 온라인 강의에 최적화된 Zoom 시스템은 다른 화상 회의 시스템보다 빠르게 퍼지고 있습니다. 내가 나이가 많아서 혹은 컴퓨터를 잘 다루지 못한다고 해서 피하기만 해서는 Digital Divide(정보격차)를 겪을 수밖에 없습니다. 몇 가지 작동법을 숙지하고 적재적소에 이용하기만 한다면 Zoom은 강사들에게 유용한 무기가 될 것입니다.

필자는 Zoom 강의를 지원하고 Zoom 사용법을 알려주는 강사입니다. 100회가 넘는 Zoom 강의와 수많은 강사를 Zoom에서 지원하면서 온라인 강의를 잘하는 강사들의 노하우를 익혔습니다. 오프라인에서 잘한다고 하는 강사들도 Zoom으로 강의를 했을 때 오프라인만큼 전달이 되지 않는다고 고충을 토로합니다. 온라인 강의를 오프라인만큼 전달력이 있고 수강생들의 집중도를 높이는 방법은 따로 있습니다. 이 책은 강사들이 꼭 알아야 하는 사용법 외에 해보지 않으면 알 수 없는 기술과 방법들이 있습니다. 이 책 한 권으로 온라인 강의의 두려움을 떨치고 프로 강사가 될 수 있을 것입니다.

김가현

이 책의 특징

> 책에서 설명하는 내용 및 좀더 전문적인 Zoom 강의에 대한 고급 스킬을 저자가 운영하는 블로그와 유튜브 채널에서 배울 수 있습니다.

QR코드로 바로보기

QR코드로 바로보기

STEP ● 1

Zoom

01 : Zoom 준비하기

STEP

총 5개의 Step으로 나누어 Zoom 사용법을 책에 나오는 대로 따라하기만 하면 기본적인 내용을 습득할 수 있도록 구성하였습니다.

1. Zoom이 뭐예요?

Zoom 서비스는 미국 Zoom Video Communication 사에서 제공하는 원격 화상 회의 프로그램으로, 서로 다른 곳에서 다수의 사람이 화상 회의를 하거나, 화면을 공유하여 회의할 수 있는 기능이 제공됩니다. 맨 처음에는 회의용으로 만들어졌으나 온라인 강의를 하기에 최적화 된 시스템이어서 최근의 모든 온라인 실시간 강의는 Zoom을 통해서 이루어지고 있습니다.

특히, 코로나 사태가 시작되면서 성인들을 위한 온라인 강의 시장뿐 아니라 학교 및 학원에서도 Zoom으로 모두 수업을 대체하고 있습니다.

❸ 로그인 화면이 나타나면 우측 하단의 [무료 가입]을 클릭합니다.

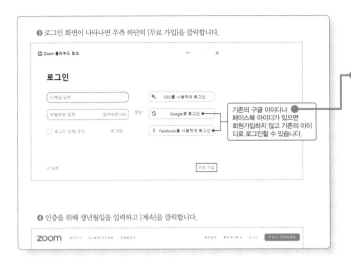

TIP

화면 내용을 좀 더 쉽게 배울 수 있도록 주석을 달아 놓았습니다.

❹ 인증을 위해 생년월일을 입력하고 [계속]을 클릭합니다.

여기서 잠깐!

수강생이 직접 이름 바꾸기

참가자가 많아 출석 확인을 하고 싶으면 강의 참여할 때 신청한 이름으로 참석하도록 하여 확인을 할 수 있습니다. 이름이 틀린 경우 수강생 각자가 이름 바꾸기를 합니다. 화면 오른쪽 상단에 마우스를 갖다 대면 [음소거]와 [⋯]이 나타납니다. [⋯] – [이름 바꾸기]를 클릭하여 바꿀 이름을 넣습니다.

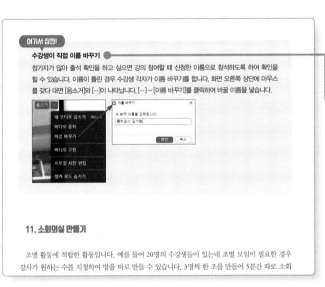

11. 소회의실 만들기

조별 활동에 적합한 활동입니다. 예를 들어 20명의 수강생들이 있는데 조별 모임이 필요한 경우 강사가 원하는 수를 지정하여 방을 따로 만들 수 있습니다. 3명씩 한 조를 만들어 5분간 따로 소회

여기서 잠깐!

교재 설명 과정 중에 놓치기 쉽거나, 누구나 알거라 생각하지만, 알지 못하는 부분을 한번 더 짚어주었습니다.

결제할 때 주의사항

❶ 프로 요금에서 참가자만 늘릴 경우

100명 이상 참가자가 들어오는 경우라면 [추가 기능 요금제]를 클릭하여 금액을 추가하고 사용할 수 있습니다.

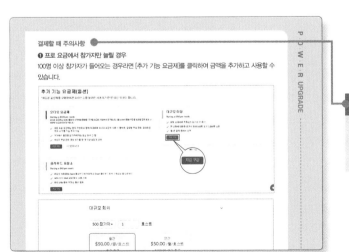

POWER UPGRADE

하나 더 알아두면 좋은 기능 및 고급 기능을 담았습니다.

차례

01 : Zoom 준비하기

1. Zoom이 뭐예요?

Zoom 서비스는 미국 Zoom Video Communication 사에서 제공하는 원격 화상 회의 프로그램으로, 서로 다른 곳에서 다수의 사람이 화상 회의를 하거나, 화면을 공유하여 회의할 수 있는 기능이 제공됩니다. 맨 처음에는 회의용으로 만들어졌으나 온라인 강의를 하기에 최적화 된 시스템이어서 최근의 모든 온라인 실시간 강의는 Zoom을 통해서 이루어지고 있습니다.

특히, 코로나 사태가 시작되면서 성인들을 위한 온라인 강의 시장뿐 아니라 학교 및 학원에서도 Zoom으로 모두 수업을 대체하고 있습니다.

강사 1명이 다수의 수강생과 40분간 수업을 하고자 할 때는 무료로 사용 가능합니다. 특히, 수강생들은 별도의 회원가입을 하지 않아도 Zoom을 설치한 후 강사가 제공하는 Zoom 링크 주소와 회의 ID만 있으면 접속 가능합니다.

2. 왜 Zoom이 대세인가?

안정적인 원격 회의 시스템이다.
Zoom은 수십 명이 접속해도 끊기거나 느려지는 경우가 드물어 실시간 강의를 집중도 있게 지원합니다.

사용법이 간단하다.
몇 가지 기능만 익히면 누구나 전문가처럼 강의할 수 있습니다. 이 책 한 권이면 충분히 프로 강사가 될 수 있게 구성하였습니다.

채팅 기능이 제공된다.
모바일 및 PC에서 강의할 때 채팅을 할 수 있습니다. 이를 통해 소통 강의가 되고 채팅으로 파일 공유, 비공개로 말하기 등 수강생들이 편리하게 이용할 수 있습니다. 오히려 채팅창 기능으로 그동안 모르는 문제를 선생님께 말하기 힘들었던 학생들도 비공개로 이해가 안 된다고 하면 그 학생에게 비공개로 나중에 다시 알려줄 수 있습니다.

화면 공유 기능이 있다.

화면을 공유할 수 있어 내가 보여주고자 하는 강의 자료, 인터넷 자료, 영상 자료 등 모든 것을 수강생과 공유할 수 있습니다. 주석 기능을 제공하며 화면 공유를 통해 다른 사람의 자료나 화면에 접속할 수 있습니다.

줌(Zoom) 주소 링크 하나면 전 세계에서 접속할 수 있다.

PC가 아니어도 스마트폰으로도 어디든 접속 가능합니다. 이동 중에도, 휴가 중에도, 어디서든 줌에 접속하여 강의를 들을 수 있습니다.

3. Zoom 강의를 위한 준비물

PC와 웹캠이 필요하다.

Zoom은 PC와 모바일 환경에 관련 없이 이용할 수 있으나 강의를 하기 위해서라면 컴퓨터로 해야 원활하게 진행할 수 있습니다. 서로의 얼굴을 보기 위해서는 웹캠이 필요합니다. 대부분 노트북에는 웹캠이 기본으로 설치되어 있지만 데스크탑의 경우 웹캠을 따로 구매하여 설치하면 됩니다.

강사는 마이크가 필요하다.

수강생은 스마트폰만 있어도 강의를 듣기에 불편함이 없지만, 강의자는 마이크와 이어폰이 필요합니다. 온라인 강의에서는 소리가 생명이기 때문에 마이크가 절대적으로 큰 역할을 합니다. 소리가 잘 전달이 되어야 수강생들의 집중력이 떨어지지 않기 때문입니다. Zoom 자체적으로 주변 소음이 들리지 않도록 업그레이드 중이라고 하나 마이크가 있고 없음에 따라 음질 차이가 나기 때문에 꼭 구매할 수 있도록 합니다. 여력이 되지 않는다면 우리가 흔히 사용하는 핸드폰 이어폰을 연결해서 사용하셔도 됩니다.

웹캠, 마이크 구매 시 확인할 사항

모니터에 내장형 캠이 없는 PC는 반드시 필요하고 노트북인 경우도 보다 선명한 화질이 필요하다면 구입하는 것도 좋습니다. 노트북 웹캠 사양에 따라서는 Zoom에서 제공하는 가상 배경을 바꿀 때 녹색 스크린 체크박스를 해제할 수 없거나 비디오 필터 기능을 지원하지 않는 경우가 있습니다.

마이크는 노트북과 호환 가능한 USB 마이크를 권장합니다. 아래와 같은 마이크를 노트북 이어폰 단자에 꽂으면 강사에게 다른 사람 목소리가 들리지 않습니다.

4. 해본 사람들만 아는 Zoom 강사 필수 체크 요소

소리 체크

다시 한 번 강조하지만, 온라인 강의에서 소리는 생명입니다. 그래서 마이크는 필수입니다. 또한 공간에 따라 하울링(Howling)이 커서 울리는 경우가 있으며, 마이크 접촉 상태에 따라 지지직거릴 수 있으므로 소리가 또렷하게 들릴 수 있는 환경이 제일 중요합니다. 특히, 첫 강의일 때에는 상대방에게 본인의 목소리가 잘 들리는지 수업 전 확인하는 것이 좋습니다.

인터넷 속도 및 Wifi 체크

Zoom은 인터넷 속도 및 Wifi 환경이 원활하지 않으면 보이는 화면이 늦어지거나 멈출 수 있습니다. 따라서 화면이 끊겼다가 다시 나오거나 소리가 끊기는 경우를 방지하기 위해 Wifi가 잘 되는지 확인해야 합니다. 학원에서 한 공유기에 여러 명의 선생님이 같은 시간에 Zoom으로 수업을 하는 경우 수업 시 화면이 멈추고 느려지는 경우가 종종 나타날 수 있습니다.

물(Water) 갖다 두기

온라인 강의 특성상 강사는 지속해서 말을 하고 전달하게 됩니다. 특히 온라인 실시간 강의일 때에는 수강생들이 음 소거를 하고 강사의 말만 기다리기 때문에 틈을 두기 어렵습니다. 특히, 쉬는 시간도 없는 연속 강의면 강사가 목이 메서 곤란해 하는 것을 종종 보았습니다. 틈틈이 물을 마시며 강의를 조절하는 것이 필요합니다.

강의 자료

정보 전달을 위한 강의라면 강의 자료가 필수입니다. 온라인 강의 특성상 수강생들이 지루함을 쉽게 느끼기 때문에 이미지가 많은 슬라이드로 준비하는 것을 권합니다. 보통 1시간 30분 강의 기준으로 슬라이드 70장 정도가 적당합니다.

02 : Zoom 강의 준비하기

1. Zoom이 처음이에요

PC 환경에서 다운로드

❶ 주소 입력줄에 'zoom.us'를 입력하여 홈페이지에 접속합니다.

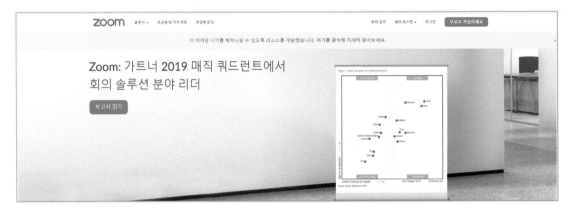

❷ 화면을 따라 쭈욱 내려가면 맨 밑에 [다운로드] 메뉴가 나타납니다. 클릭합니다.

❸ [다운로드]를 클릭하여 회의용 Zoom 클라이언트를 내려 받아 설치합니다. 이렇게 다운로드를 받으면 강사가 아닌 수강생은 별도의 회원가입이 없어도 강사가 보내 준 회의 ID나 Zoom 주소 링크를 통해서 강의에 참여할 수 있습니다.

회원 가입하기

❶ 설치가 완료되면 바탕화면에 Zoom 아이콘이 만들어집니다. 바탕화면에서 다운받은 [Zoom] 아이콘을 클릭합니다.

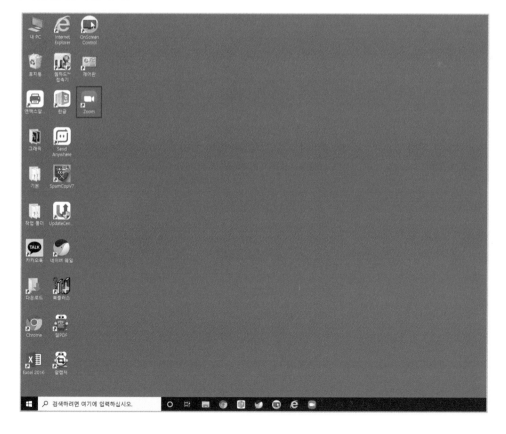

❷ Zoom 화면이 나타나면 [로그인]을 클릭합니다.

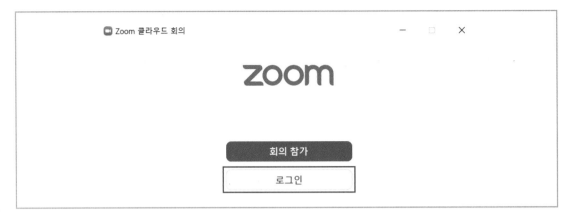

❸ 로그인 화면이 나타나면 우측 하단의 [무료 가입]을 클릭합니다.

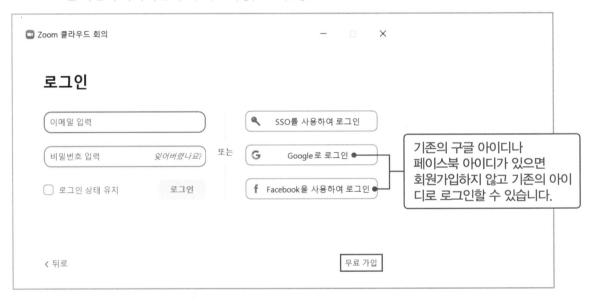

❹ 인증을 위해 생년월일을 입력하고 [계속]을 클릭합니다.

❺ 개인정보 인증 화면에서 [동의]를 클릭합니다.

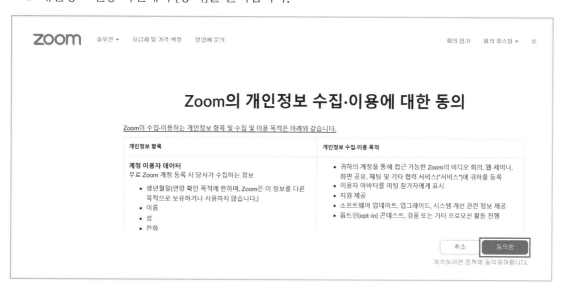

❻ Zoom 강의에 사용할 이메일 주소를 입력하고 [가입]을 누릅니다.

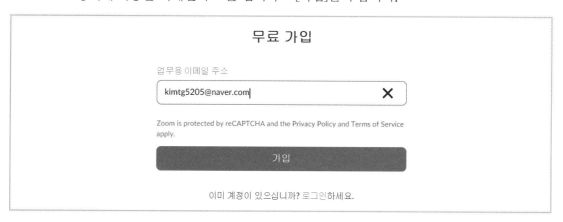

❼ 입력한 이메일 주소로 확인 메일을 보냈다는 메시지가 나타납니다.

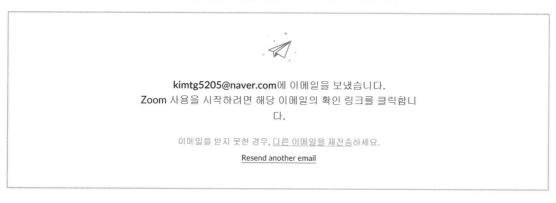

❽ 내 이메일로 들어가서 [계정 활성화]를 클릭합니다.

안녕하세요 kimtg5205@naver.com님,

Zoom에 가입하신 것을 축하합니다! 귀하의 계정을 활성화하려면 아래 버튼을 클릭하고 이메일 주소를 확인해 주십시오.

계정 활성화

❾ 기본적인 내용을 입력하고 [계속]을 누르면 가입이 완료됩니다.

Zoom에 오신 것을 환영합니다.

안녕하세요, **kim***@***com**님 계정이 성공적으로 생성되었습니다. 계속하려면 이름을 나열하고 암호를 생성하세요.

이름

성

비밀번호

비밀번호 확인

나는 가입을 통해 개인정보 처리방침 및 이용 약관에 동의합니다.

계속

스마트폰 다운로드 받기

스마트폰의 구글 플레이나 안드로이드에서 Zoom을 검색하면 Zoom에 관련된 앱이 많이 나옵니다. 그중에서 [ZOOM Cloud Meetings]을 설치하면 됩니다. 스마트폰에서도 회원 가입하지 않고 줌 주소 링크를 탭으로 클릭하거나 회의 아이디를 넣으면 바로 강의에 참여할 수 있습니다.

그렇지만 강의를 듣는 학생이라면 상관없으나 강의를 하는 입장이라면 모바일로는 강의하는 데 어려운 점이 많으며, 돌발 상황에서 빠른 대처가 어려우니 강의는 PC환경에서 하길 추천합니다. 스마트폰으로 Zoom 수업 듣기는 Step4(61쪽)에서 다루겠습니다.

학생이 모바일로 강의를 듣는 경우 강의자가 PC에서 강의를 하면서 모바일로도 동시 접속해서 본인 강의 자료가 잘 나오는지, 수강생 눈에는 어떻게 보이는지 확인할 수 있습니다. 그런 경우 오디오 연결 끊기를 해서 소리가 하울링 되지 않도록 주의해야 합니다. PC화면에서 강의 자료와 함께 채팅창을 보기 어려운 경우 모바일에서 채팅창만 보면서 강의하는 것도 방법입니다.

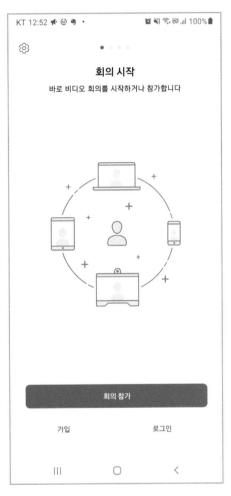

2. Zoom 가격 및 결제하기

기본 요금제

기본인 경우 무료로 사용할 수 있고 100명 참가 가능, 40분 무료입니다. 40분이 지나면 자동으로 끊기고 10분 남았을 때 남은 시간을 알려주면서 화면 상단에 남은 시간이 보입니다. 그러므로 간단한 회의를 진행하거나 모임을 할 때에는 무료로 사용하더라도 큰 지장이 없습니다.

프로 요금제

시간은 무제한이며 참가자는 100명까지 가능합니다. 강의가 주 업무라면 프로 요금제를 결제하는 것이 좋고 어떤 강의를 진행하더라도 무리가 없습니다.

결제할 때 주의사항

❶ 프로 요금에서 참가자만 늘릴 경우

100명 이상 참가자가 들어오는 경우라면 [추가 기능 요금제]를 클릭하여 금액을 추가하고 사용할 수 있습니다.

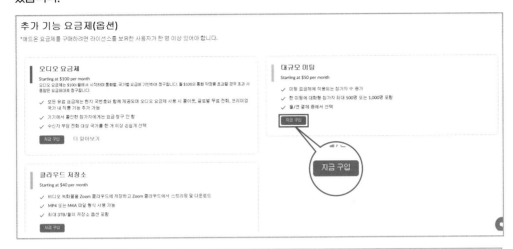

❷ 사용 허가(Licensed)를 확인할 것

계정이 여러 개면 내 아이디에 사용허가가 되었는지 확인해 봅니다. 필자는 두 개 아이디가 있는데 결제 계좌가 같습니다. 이 상태에서 A아이디로 결제를 해서 의심 없이 A아이디로 회의를 예약하고 강의를 시작했는데 실제로는 B아이디가 사용허가가 되어있어서 결과적으로 A아이디는 무료인 기본으로 설정되어있는 바람에 강의 도중 40분 만에 Zoom이 끊겼던 경험을 가지고 있습니다.

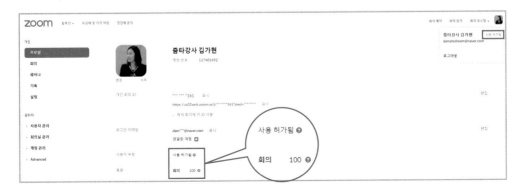

➌ 결제 취소하기

[계정관리] – [청구]를 선택해서 [상태]가 '활성'이라고 보이면 매달 자동 결제 갱신이 된다는 의미입니다.

따라서 자동 결제를 원하지 않으면 위 화면에서 [가입 취소]를 클릭해서 다음과 같은 화면이 나오면 구독 취소를 하신 후 다음에 필요시 재결제해서 사용하면 됩니다.

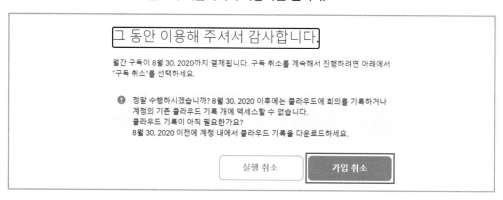

3. 로그인하여 프로필 변경하기

❶ 줌 홈페이지(zoom.us)에 접속한 후 [로그인]을 클릭합니다.

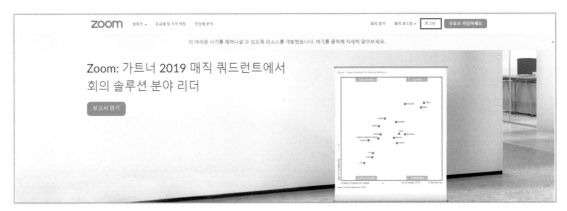

❷ 가입했던 이메일 주소와 비밀번호를 넣습니다.

❸ 로그인을 하면 왼쪽에 프로필이 보이며 이곳에서 개인정보를 편집할 수 있습니다. 오른쪽에 [편집]을 클릭합니다.

❹ 사진 아래 [변경] 메뉴를 누르면 사진을 변경할 수 있으며, 크기는 2M(메가)보다 작아야 합니다. 사진을 등록시킨 후 [변경저장]을 눌러 완료합니다.

미국식은 이름, 성 순으로 되어 있지만 내 이름을 한글 순서대로 보이고 싶은 경우 이름과 성을 바꿔 기입합니다.

4. 새 회의 예약하기

❶ 회의를 예약하는 방법에는 여러 가지가 있습니다. 아래는 홈페이지(zoom.us)로 접속하여 예약하는 방법입니다. [회의]−[회의 예약]을 클릭합니다.

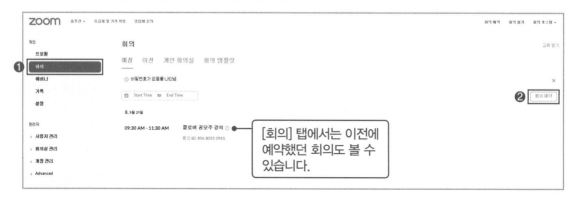

[회의] 탭에서는 이전에 예약했던 회의도 볼 수 있습니다.

❷ 회의 예약을 합니다.

❶ 주제 : 강의명을 적습니다.

❷ 시점 : 강의할 날짜와 시간을 입력합니다.

❸ 기간 : 강의에 걸리는 시간입니다.

❹ Security : '암호' 체크 시는 비밀번호가 생성됩니다.

　　　　　 '대기실' 체크 시는 수강생이 입장할 때 호스트에게 수락 여부를 물어봅니다.

　　　　　 회의 예약 시 이 2가지 중 하나를 선택해서 체크해야 합니다.

❺ 회의옵션

• 호스트 전 참가 사용 : 호스트가 회의를 열기 전에 수강생이 먼저 들어올 수 있습니다.

• 입장 시 참가자 음소거 : 수강생들이 강의에 접속했을 때 자동으로 음소거가 됩니다.

• 인증된 사용자만 참가할 수 있습니다 : 회의에 참여하기 전에 참가자가 인증해야 합니다. 로그인한 참가
　　　　　　　　　　　　자만 사용할 수 있습니다.

• 자동으로 회의 기록 : 로컬 컴퓨터에서 or 클라우드에서 선택하면 회의 접속과 동시에 녹화가 됩니다.

❻ 대체 호스트 : 대체할 호스트 이메일 주소를 넣으면 호스트 권한을 넘길 수 있습니다.

빠르게 회의 예약 및 설정 보기

빠른 회의 예약하는 또다른 방법

❶ 바로 가기 아이콘을 이용하면 좀더 빠르게 예약을 할 수 있습니다. 바탕화면의 [Zoom] 아이콘을
클릭하여 나타난 화면에서 [예약]을 선택합니다.

❷ 나타난 화면에서 원하는 내용을 입력한 후
[예약]을 클릭합니다.

❸ 위 ❶번 화면에서 우측상단의 ⚙ [톱니바퀴 모양]을 클릭하면 필요한 사항을 설정할 수 있는 탭이 나옵니다. 기본적으로 많이 쓰는 설정 탭을 보면 아래와 같습니다.

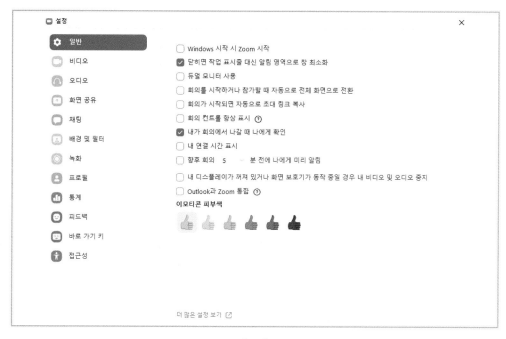

▲ [일반] 탭

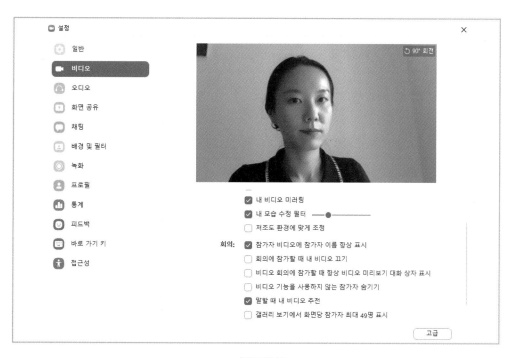

▲ [비디오] 탭

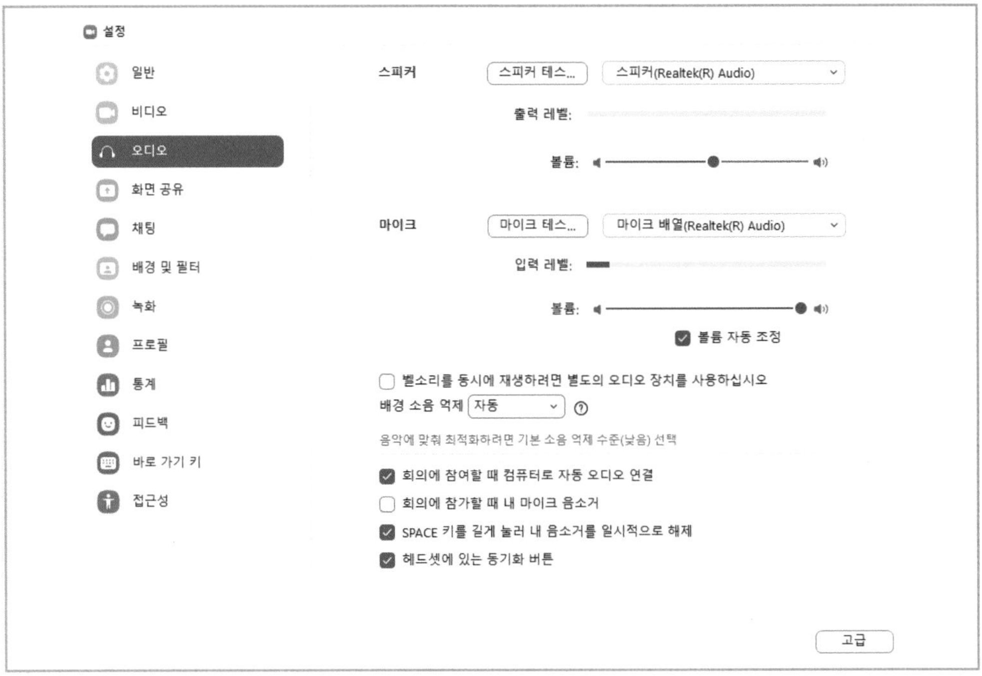
설정
일반
비디오
오디오
화면 공유
채팅
배경 및 필터
녹화
프로필
통계
피드백
바로 가기 키
접근성
스피커
스피커 테스...
스피커(Realtek(R) Audio)
출력 레벨:
볼륨:
마이크
마이크 테스...
마이크 배열(Realtek(R) Audio)
입력 레벨:
볼륨:
볼륨 자동 조정
벨소리를 동시에 재생하려면 별도의 오디오 장치를 사용하십시오
배경 소음 억제
자동
음악에 맞춰 최적화하려면 기본 소음 억제 수준(낮음) 선택
회의에 참여할 때 컴퓨터로 자동 오디오 연결
회의에 참가할 때 내 마이크 음소거
SPACE 키를 길게 눌러 내 음소거를 일시적으로 해제
헤드셋에 있는 동기화 버튼
고급

▲ [오디오] 탭

설정
일반
비디오
오디오
화면 공유
채팅
배경 및 필터
녹화
프로필
통계
피드백
바로 가기 키
접근성
줌타강사 김가현
dam***@naver.com
내 프로필 편집
내 가입 변경
고급 기능 보기

▲ [프로필] 탭

5. 회의 설정 변경하기

❶ 홈페이지에서 [설정] 메뉴를 클릭하면 회의
예약 전에 회의 예약 값을 변경할 수 있습니다.
여기서 미리 회의 설정을 수정하면 예약 시 혹은
회의창을 열었을 때 바뀐 값이 적용됩니다. 회의
설정은 [Security], [예약], [기본], [고급], [이메
일 알림], [기타]로 나뉘어져 있습니다.

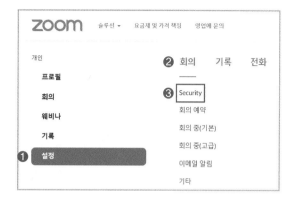

❷ 대기실 사용을 살펴보겠습니다. [설정]−[회의]−[Security]로 들어가면 대기실 설정을 할 수 있
습니다. [대기실] 설정을 해두면 참가자들이 회의에 들어오기 전 대기실로 자동 배치되고 호스트가
수락을 해줘야 입장 가능합니다.

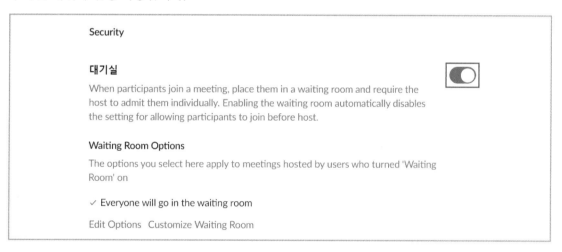

❸ Waiting Room Option을 이용하면 상황에 따라 설정 가능합니다.

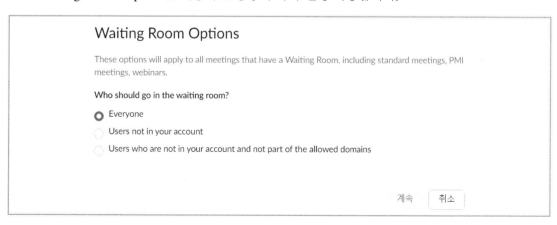

❹ [인증된 사용자만 회의에 참가할 수 있습니다.]를 활성화하면 로그인한 수강생만 참여할 수 있습니다. 이렇듯 회의 설정에서 본인이 수업하는 방향에 따라 설정을 미리 바꿔둘 수 있습니다.

❺ [입장 시 참가자 음소거]를 활성화 해두면 회의 예약할 때 자동으로 항상 이 값이 지정됩니다.

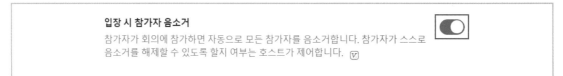

❻ 모든 작업을 마친 후 [저장]을 클릭하여 예약한 회의를 저장하면 아래와 같이 예약된 상황이 나타납니다. 예약한 회의를 시작하고 싶으면 [회의 시작]을 클릭합니다.

예약된 회의를 수정하고 싶은 경우 클릭하면 예약하기 화면이 다시 나타나 수정할 수 있습니다.

6. 수강생에게 강의 초대하기

Zoom 주소 링크 보내기

수강생에게 Zoom 강의를 초대하는 방법에는 여러 가지가 있습니다. 첫 번째 방식은 줌(Zoom) 주소를 이메일, 문자, 카카오톡으로 보내는 것입니다. 수강생은 받은 주소 링크를 클릭하면 바로 접속할 수 있어서 매우 편리합니다. 만약 수강생의 컴퓨터에 Zoom이 설치되어 있지 않은 경우는 설치하라고 알려줍니다. 두 번째 방식은 회의 아이디를 보내는 것입니다.

❶ 줌 주소는 여러 가지 방법으로 볼 수 있습니다. 가장 대표적인 방법은 예약된 회의 화면에서 Invite Link [초대 복사]를 클릭합니다.

❷ [회의 초대 복사]를 클릭하면 클립보드에 복사되고 이 내용을 붙여넣기(Ctrl + V) 하여 각 수강생에게 보내면 됩니다. 단, 이 방식은 주소 외에 위치에 따른 전화 걸기 등 다른 내용도 같이 복사되니 위 화면에서 줌 주소만 마우스로 드래그하여 복사해서 보내는 것이 간편할 수도 있습니다.

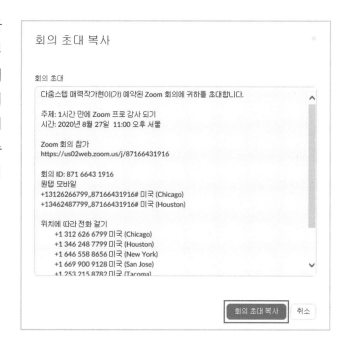

＊수강생에게 이메일 보내는 양식은 뒷부분 부록에 넣었습니다. 참고하여 작성하시기 바랍니다.

03 : Zoom 강의 시작하기

1. 회의 시작 화면

❶ 모든 작업을 마친 후 [회의 시작]을 클릭하면 아래와 같이 화면이 보입니다.

❷ 왼쪽 상단의 [회의 정보]를 클릭하면 기본적인 정보를 볼 수 있습니다.

내 회의

회의 ID   811 3592 7132
호스트   줌타강사 김가현 (사용자)
초대 링크   https://us02web.zoom.us/j/81135927132

여기에서 줌 주소 복사가 가능합니다.

📋 URL 복사

참가자 ID   255012

귀하는 Zoom 글로벌 네트워크에 미국의 데이터 센터를 통해 연결되었습니다.

2. 음소거

회의 예약 시 수강생들은 모두 음소거로 참여하게 합니다. 수업 시작 후에 들어오는 학생이 음소거를 하지 않으면 수업에 방해가 될 수 있고 다른 참가자 소음이 모두에게 공유되어 수업 집중도가 떨어지기 때문입니다. 음소거가 된 상태이면 본인의 말이 다른 사람들에게 들리지 않으며 말을 하고 싶을 때는 음소거 해제를 클릭하면 됩니다. 또다른 방법은 음소거가 된 상태에서 스페이스바를 길게 누르면 일시적으로 음소거를 해제할 수 있습니다.

수강생들 출석 체크를 하거나 간단한 대답을 요청하는 일인 경우 스페이스바를 길게 누르고 말을 할 수 있게 하면 됩니다. 다만 채팅창이 열려있으면 스페이스바로 일시 음소거 해제가 되지 않습니다.

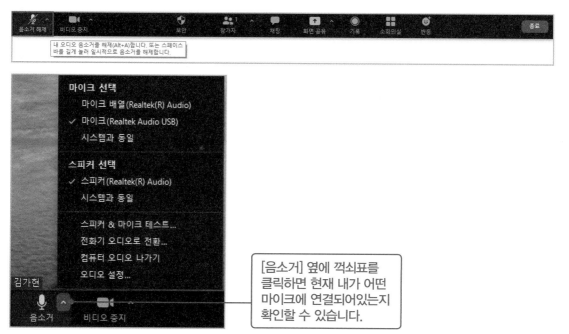

[음소거] 옆에 꺽쇠표를 클릭하면 현재 내가 어떤 마이크에 연결되어있는지 확인할 수 있습니다.

3. 비디오

[비디오 중지]를 클릭하면 본인이 상대방에게 보이지 않습니다. Zoom 강의는 대부분 집에서 듣거나 편한 장소에서 편한 차림으로 듣기 때문에 이런 경우 비디오를 중지하고 수업에 참여할 수 있다는 장점이 있습니다. 비디오 중지한 경우 등록된 프로필 사진이 다른 사람들에게 보입니다.

[비디오 중지] 우측의 꺽쇠표를 누르면 자신이 연결된 카메라가 보입니다. 다른 웹캠을 설치했을 때는 다른 카메라 이름이 하나 더 나옵니다.

4. 화면 공유하기

컴퓨터에 있는 자료는 모두 공유할 수 있습니다. 화면을 공유하는 방법은 컴퓨터에 띄워 놓은 각각의 창을 클릭해서 공유합니다. 화면을 공유한 후 강사의 메뉴바와 수강생의 메뉴바 위치는 다릅니다. 따라서 초보 강사일 경우 수강생 화면에 내 강의 자료가 어떻게 보이는지 확인하는 작업이 필요합니다. 방법은 스마트폰으로 내 강의에 별도로 참여하는 것을 추천합니다.

PPT(파워포인트) 자료 공유
❶ 강사의 파워포인트 자료를 보여주려면 화면 공유를 클릭하기 전에 컴퓨터 화면에 미리 실행시켜 놓아야 합니다. 그런 다음 [화면 공유]를 클릭합니다.

❷ 기본적인 공유 화면과 함께 내 컴퓨터에서 실행되고 있는 프로그램 창들이 같이 나타납니다. 여기에서 열려있는 파워포인트 창을 클릭하면 모든 수강생에게 공유가 됩니다.

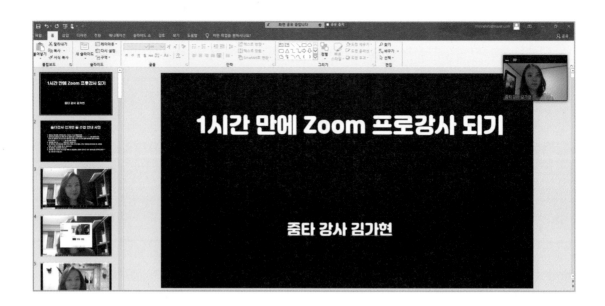

❸ 초록색의 [화면 공유 중입니다]에 마우스를 갖다 대면 메뉴바가 나타나서 필요한 상황을 설정
할 수 있습니다.

내 강의 자료가 비디오 때문에 가려진다면 [더보기] – [비디오 패널 숨기기]로 비디오를 숨길 수 있습니다.

화이트보드 사용하기

❶ 화이트보드를 사용하려면 화면 공유 화면에서 [화이트보드]–[공유]를 차례대로 클릭하면 됩니다.

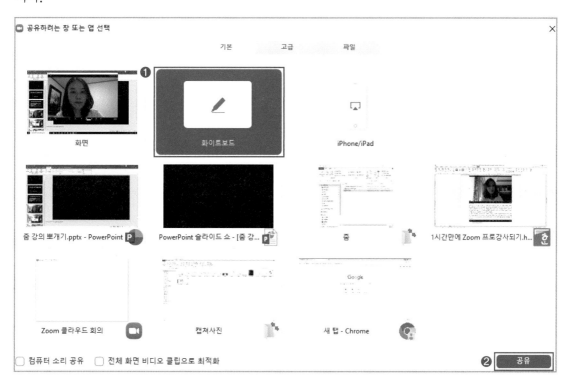

❷ 화이트보드 창이 나타난 후 필요한 내용을 작업하면 모든 수강생에게 보여집니다.

컴퓨터 소리 공유하기

❶ 필자는 강의 시작 전에 노래를 공유해서 수강생이 잘 들리는지 확인을 합니다. 컴퓨터에서 실행했을 때 나오는 음악 소리가 수강생들에게 들리게 하려면 하단의 [컴퓨터 소리] 공유를 체크하여 선택합니다.

❷ 화면을 공유한 경우에는 [더보기]에서 [컴퓨터 소리 공유]를 클릭합니다.

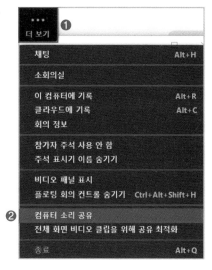

영상 공유하기

영상 공유는 내 컴퓨터에 저장되어 있는 동영상 또는 유튜브를 보여주는 방법이 있습니다. 다운받은 영상을 공유했을 때 끊기거나 느려질 수 있으므로 영상에 끊김이 없는지 확인 작업이 필요합니다.

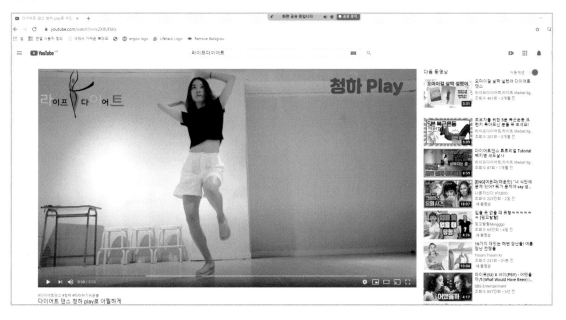

내가 보여주고 싶은 강의 자료가 파워포인트, 인터넷, 유튜브 등 다양한 화면으로 구성되어 있다면 각각을 개별로 공유하지 않고 내 컴퓨터 전체 창을 공유하면 됩니다. 개별로 공유시 강사가 화면 조작을 위한 시간이 걸리기 때문에 기다리는 시간 동안 침묵할 수밖에 없어 흐름이 깨질 수 있기 때문입니다. 다만 채팅창부터 내 화면이 다 보이기 때문에 주의할 필요가 있습니다.

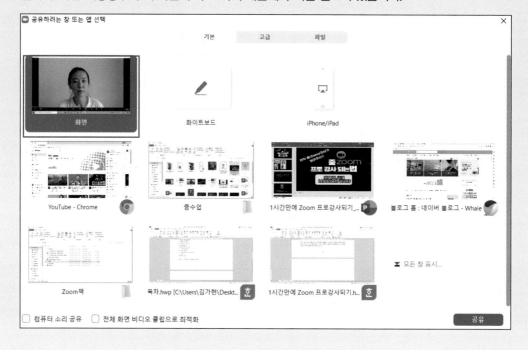

5. 가상 배경 바꾸기

❶ [비디오 중지] 우측의 [꺽쇠표]를 클릭한 후 [가상 배경 선택]을 선택하면 Zoom에서 제공하는 가상 배경으로 바꿀 수 있습니다. 맨 처음 실행시에는 스마트 패키지를 설치하라는 문구가 나옵니다. 설치 후 원하는 이미지를 클릭하면 됩니다. 내 환경을 노출하고 싶지 않을 때 혹은 나를 홍보하는 수단으로 가상 배경을 이용할 수 있습니다.

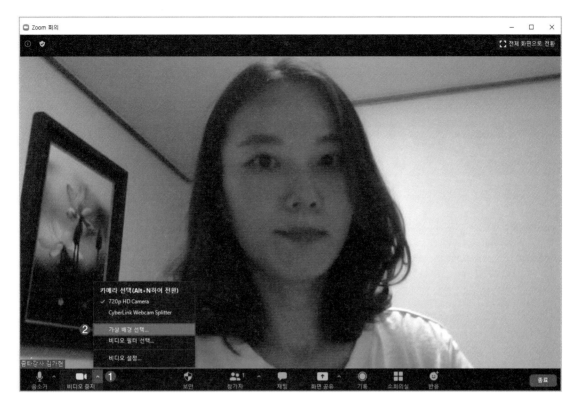

❷ 가상 배경은 컴퓨터 웹캠 사양에 따라 적용이 매끄럽게 되지 않는 경우가 있습니다. 이런 경우 '녹색 스크린을 사용합니다'를 해제하는 것이 가상 배경을 깔끔하게 바꿀 수 있습니다. 그러나 '컴퓨터가 이 기능을 지원하지 않습니다' 라고 나오는 경우 가상 배경을 적용하지 않는 편이 낫습니다.

아래는 가상 배경 변경 후의 화면입니다.

❸ 뒷 배경이 단색이 아닌 경우 아래와 같이 가상 배경이 지저분한 모습이 됩니다.

❹ 그러나 벽 앞 단색 배경인 경우 깔끔하게 바뀌는 것을 알 수 있습니다.

❺ 수동으로 배경 색상을 옷 색인 청파랑 색으로 변경해 보았습니다. 가상 배경이 옷으로 들어갔습니다.

가상 배경 이미지 추가하기

❶ 요즘에는 세련된 이미지의 가상 배경이 많습니다. 디자인 프로그램인 망고보드, 캔바, 미리캔버스 등에서 원하는 이미지를 찾을 수 있습니다. 원하는 이미지를 찾은 다음 [이미지 추가]를 클릭하면 이미지 파일을 등록할 수 있습니다.

❷ 파워포인트로 내가 원하는 문구를 넣어서 그림으로 저장하기를 하면 나를 홍보할 수 있는 가상 배경으로 만들 수 있습니다.

6. 비디오 필터 적용하기

❶ [비디오 중지] 우측의 [꺽쇠표]를 클릭한 후 [비디오 필터 선택]을 하면 다양한 캐릭터가 있어 내 얼굴을 바꿀 수 있습니다.

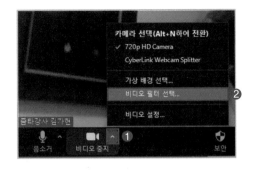

❷ 얼굴이 공개되지 않기를 원한다면 썬글라스를 쓰는 것도 방법이겠습니다. 재미있는 필터 사용 후 수업을 하거나 회의를 하면 분위기 변화를 줄 수 있습니다.

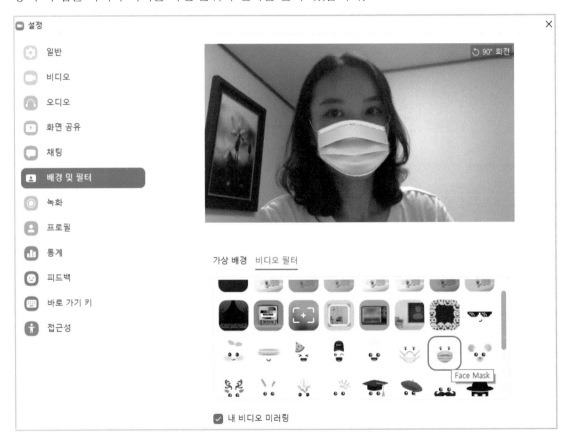

7. 채팅창 이용하기

강사들이 화면 공유를 한 후 채팅창을 이용하는 방법을 알아보겠습니다.

❶ [더보기]−[채팅]을 클릭하면 채팅창이 나옵니다.

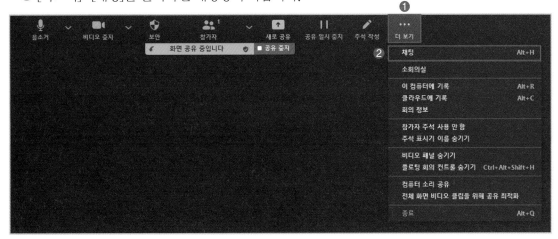

❷ 주의할 점은 채팅창이 내 강의 자료를 가릴 수 있기 때문에 옆으로 옮겨서 보는 것이 좋습니다. 처음 하시는 분은 익숙하지 않아 번거로울 수 있으므로 강의를 하면서 채팅창을 보는 것은 많은 연습이 필요합니다. 강의 도중 수강생이 채팅창에 글을 남긴 경우 채팅(1)이라는 숫자가 보입니다. 강의 자료를 가리지 않고 채팅창만 보고 싶은 경우 스마트폰이나 다른 기기로 접속 후 채팅창 보기만 하는 것도 방법입니다.

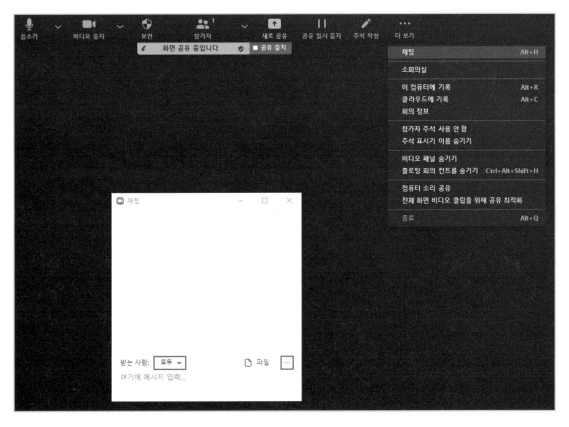

❸ 위 채팅창에서 '받는 사람' 옆에 [모두]를 클릭해봅니다. 그런 다음 내가 말하고 싶은 사람의 아이디를 클릭하면 그 사람과의 대화가 비공개로 이루어집니다. 강사에게 비공개로 질문을 하고 싶다면 수강생이 강사 아이디를 클릭하면 비공개로 질문할 수 있습니다. 가령 강사가 말한 내용이 이해가 안 된다면 비공개로 '방금 그 부분 다시 설명해주세요. 이해가 안 갑니다.' 라고 하면 내가 모르는 것을 다른 사람에게 들키지 않을 수 있습니다. 다시 [모두]를 클릭하면 공개적으로 질문할 수 있습니다.

❹ 모두 옆에 […]을 클릭하면 채팅창 관리를 할 수 있습니다. 채팅을 저장할 수 있고 호스트만 체크하면 참가자들끼리 채팅을 막을 수 있습니다.

여기서 잠깐!

강사가 채팅창을 보는 동안에는 침묵이 생기게 됩니다. 온라인 강의 특성상 침묵이 생기면 그 시간이 무척 길게 느껴지고 어색합니다. 따라서 채팅창을 보면서 강의를 활발하게 하기 위해서는 수강생에게 미리 알려줘야 합니다. "지금 채팅창을 확인하고 넘어가겠습니다." 라던지 "채팅창은 강의가 다 끝난 후 확인하겠습니다."라는 <u>채팅창에 관한 가이드를 안내</u>해주시는 것이 좋습니다.

8. 주석 작성 이용하기

❶ 주석은 강사나 수강생 모두 작성할 수 있습니다. 강사의 경우 화면을 공유했을 때 위 메뉴바에 [주석 작성]이 나타나고, 수강생은 [옵션보기]-[주석 작성]에서 확인할 수 있습니다.

❷ 주석 작성 후 [지우기]-[모든 드로잉 지우기]를 클릭하면 작성한 주석이 모두 없어집니다.

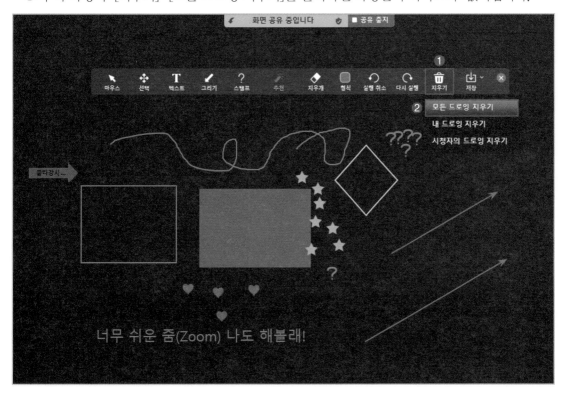

수강생이 주석을 작성하는 경우

❶ [옵션보기] – [주석 작성]을 클릭합니다.

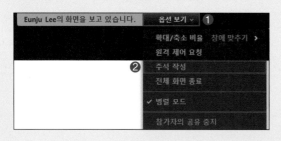

❷ 수강생이 주석 작성을 못 하게 하려면 [더보기] – [참가자 주석 사용 안 함]을 클릭합니다. 또한 주석 작성하는 사람이 누구인지 알 수 있게 하려면 [주석 표시기 이름 표시]를 클릭합니다. 반대로 주석 작성하는 사람이 누구인지 모르게 하려면 [주석 표시기 이름 숨기기]를 클릭합니다.

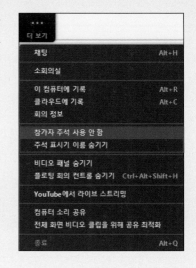

9. 기록(녹화)하기

기록(녹화)하기

❶ Zoom에서 [기록]을 클릭하면 [이 컴퓨터에 기록]할 것인지 [클라우드에 기록]할 것인지 선택하는 메뉴가 나타납니다.

❷ 기록이 시작되면 좌측 상단에 [기록 중...]이라는 메시지가 보입니다. 온라인 강의를 못 듣는 분들을 위해 녹화본을 제공하는 경우 매우 유용한 기능입니다.

❸ 회의를 종료하면 Converting 메시지와 함께 파일로 변환되는 것을 볼 수 있습니다. 컴퓨터 사양에 따라 Converting되는 시간이 다르지만 변환되는 시간이 꽤 소요됩니다.

❹ 기록을 하다가 중지를 하고 싶을 때는 [일시 중지]와 [중지]가 있습니다.

기록 일시 중지/중지

처음 회의 시작부터 자동 녹화를 원할 때

녹화를 꼭 해야 하는 강의라면 [회의 예약 화면]-[회의 옵션]-[자동으로 회의 기록]을 클릭합니다. 그러면 회의가 시작되자마자 [기록]을 따로 누르지 않아도 자동으로 녹화됩니다.

회의 옵션	
	☐ 호스트 전 참가 사용
	☐ 입장 시 참가자 음소거 🗹
	☐ 인증된 사용자만 참가할 수 있습니다.
	☑ 자동으로 회의 기록 ◉ 로컬 컴퓨터에서 ○ 클라우드에서

내 컴퓨터에
저장

클라우드에
저장

녹화본 저장 위치

❶ [내계정]-[기록]-[로컬기록]에서 녹화본이 어디에 저장되었는지 문서 저장 위치를 알 수 있습니다.

❷ 저장된 폴더로 찾아가면 녹화된 [Zoom_0.mp4] 파일을 볼 수 있습니다. 채팅창도 따로 기록이 되고 소리만 따로 기록이 되어 편리합니다.

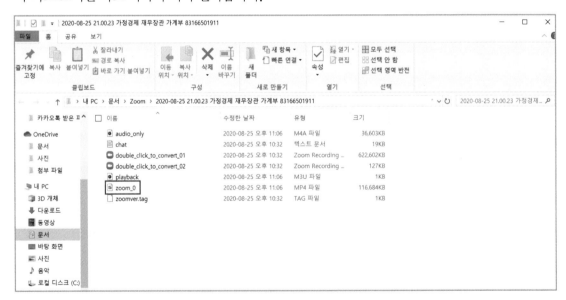

여기서 잠깐!

[설정]에서 [녹화]를 클릭하면 내 컴퓨터 용량이 얼마나 남았는지 알 수 있습니다. 컴퓨터 저장 공간이 부족하면 녹화되지 않을 수 있기 때문에 충분한 공간이 있는지 체크하는 것이 좋습니다. 이런 경우 클라우드에 월간 금액을 내고 녹화를 하는 것도 방법입니다.

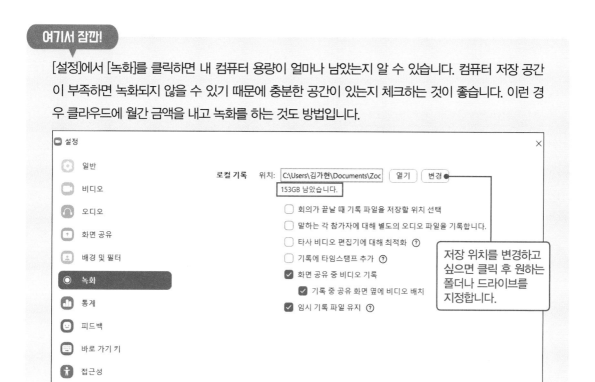

10. 참가자(수강생) 관리

❶ 화면 공유 후 [참가자] 메뉴를 보면 사람 모양 옆에 숫자가 보입니다. [참가자] 옆의 [꺽쇠표]를 클릭하면 다른 수강생을 초대할 수 있습니다. [참가자]를 클릭하면 우측에 참가자 명단이 나타나서 참가자 관리를 할 수 있습니다.

❷ 이곳에서 현재 참가자들의 상태도 알 수 있습니다. 수강생 닉네임에 마우스를 가져가면 수강생이 음소거를 한 경우 [음소거 해제 요청]과 [더보기]가 보입니다.

❸ 호스트인 강사는 수강생들 상태를 바꿀 수 있습니다.

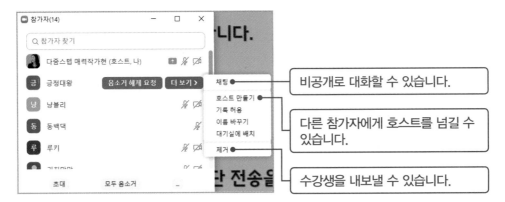

비공개로 대화할 수 있습니다.

다른 참가자에게 호스트를 넘길 수 있습니다.

수강생을 내보낼 수 있습니다.

❹ [모두 음소거]를 하는 경우 '현재 및 새 참가자가 음소거됩니다'라는 메시지가 뜨고 참가자가 음소거를 해제할 수 있도록 지정할 수 있습니다.

❺ 하단 오른쪽에 […]을 클릭하면 다양한 옵션이 제공됩니다. 강의에 따라 적절하게 지정하면 됩니다.

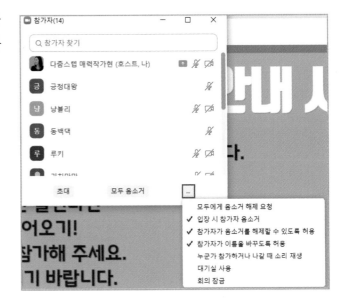

수강생이 직접 이름 바꾸기

참가자가 많아 출석 확인을 하고 싶으면 강의 참여할 때 신청한 이름으로 참석하도록 하여 확인을 할 수 있습니다. 이름이 틀린 경우 수강생 각자가 이름 바꾸기를 합니다. 화면 오른쪽 상단에 마우스를 갖다 대면 [음소거]와 [···]이 나타납니다. [···] - [이름 바꾸기]를 클릭하여 바꿀 이름을 넣습니다.

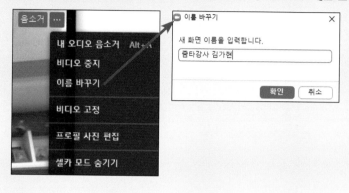

11. 소회의실 만들기

조별 활동에 적합한 활동입니다. 예를 들어 20명의 수강생들이 있는데 조별 모임이 필요한 경우 강사가 원하는 수를 지정하여 방을 따로 만들 수 있습니다. 3명씩 한 조를 만들어 5분간 따로 소회의실에서 모여서 얘기를 한 후 다시 전체 방으로 들어올 수 있도록 지정할 수 있습니다.

❶ [내 계정]-[설정]-[회의 중(고급)]-[소회의실] 활성화를 합니다.

❷ 그러면 회의 화면 하단에 [소회의실]이 나타납니다. 다만 이 메뉴는 무료 버전에서는 제공하지 않고 프로부터 지원합니다.

❸ 강사 외 수강생 8명을 3개의 소회의실로 나눠봅니다.

❹ 소회의실을 열기 전 자동으로 수강생들이 배정된 것이 보입니다. 이때 수강생을 이동하거나 교환할 수 있습니다. [옵션]에서 1분간 소회의실을 열고 카운트 타이머는 10초를 설정하였습니다. 이와 같이 [옵션]에서 목적에 맞게 상세하게 지정할 수 있습니다. [모든 회의실 열기]를 클릭합니다.

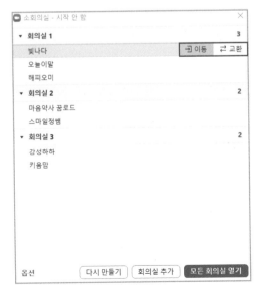

❺ 수강생들은 아래와 같은 메시지를 받고 [참가]를 클릭하면 소회의실로 이동됩니다.

❻ 수강생들이 참가 후 호스트에게 보이는 화면입니다. 소회의실에 참가한 수강생은 앞에 초록색 동그라미 마크가 있습니다.

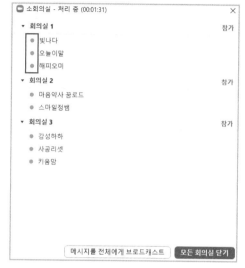

❼ 학생들이 조별 활동을 잘하고 있는지 확인하기 위해 강사인 제가 참가를 눌러 소회의실에 들어간 모습입니다. 또한 참가한 학생을 다른 소회의실로 이동시킬 수도 있습니다.

❽ 지정했던 1분이라는 시간이 끝나면 강사에게 소회의실을 닫겠냐는 메시지가 옵니다. 닫으면 수강생들은 자동으로 전체 회의실로 돌아옵니다.

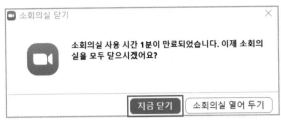

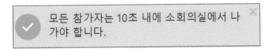

❾ 아래와 같이 소회의실 이름도 바꾸고 삭제도 할 수 있습니다.

12. 반응 이용하기

❶ 하단 메뉴바에서 [반응]을 클릭하면 다양한 반응 아이콘을 선택할 수 있습니다.

❷ 예를 들어 [반응]–[박수]를 클릭하면 본인 화면 왼쪽 위에 선택한 반응이 보입니다.

여기서 잠깐!

반응은 강사에게 응원하기를 해주는 역할도 하지만 학원에서 학생을 가르칠 때 각자 문제를 풀고 난 후 엄지척을 누른 학생은 다 풀었다는 의미로도 사용할 수 있습니다. 따라서 수업에 따라 적절하게 [반응]을 이용하면 다소 지루할 수 있는 수업에 활력을 넣을 수 있습니다.

13. 라이브 스트리밍 해보기

줌(Zoom)에서는 라이브 스트리밍 서비스가 가능합니다. 라이브 스트리밍이란 동영상 파일을 컴퓨터에 저장한 후 재생하는 것이 아니라 인터넷에 연결된 상태에서 실시간으로 전송하면서 생방송으로 재생하는 기술을 말합니다.

❶ [내계정]-[설정]-[회의(고급)]-[라이브 스트리밍을 허용합니다.]를 활성화합니다. 여기서는 유튜브를 선택하고 저장하기로 합니다.

❷ 회의창 메뉴바에 [더보기]를 클릭하면 [유튜브에서 라이브 스트리밍] 기능이 추가된 것을 확인할 수 있습니다.

❸ 선택시 Zoom에서 강의하는 모습을 실시간으로 유튜브를 통해 볼 수 있습니다. 따라서 수강생들은 컴퓨터에 Zoom을 다운 받지 않아도 유튜브 링크만 알면 유튜브를 통해 강의 시청을 할 수 있습니다.

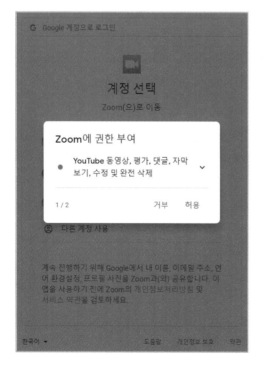

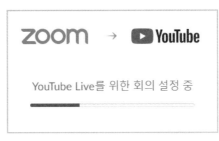

▲ Zoom 유튜브 스트리밍 방송

14. 보안

[회의 잠금]은 다른 수강생이 회의에 들어오지 못하게 하는 기능입니다. 또는 강사가 미리 수업 전에 연습하는 경우 회의 잠금을 할 수도 있습니다. [대기실 사용]을 체크하면 다른 수강생이 이 회의에 들어왔을 때 수락을 해줘야만 들어올 수 있습니다.

특히, 대규모 강의일 때 강의 목적에 따라 화면 공유, 채팅, 스스로 이름 바꾸기, 스스로 음소거 해제를 허용하지 않도록 막을 수 있습니다. 왜냐하면 Zoom 강의가 처음이면 참가자들이 호기심에 이것저것 눌러볼 수 있고, 그러면 강의에 방해되기 때문입니다.

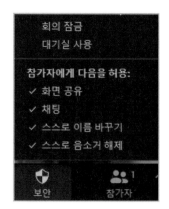

15. 회의 끝내기

❶ 모든 강의가 끝나면 오른쪽 아래 끝에 [종료]를 클릭합니다.

❷ [모두에 대해 회의 종료]는 이 회의 창을 완전히 닫게 됩니다.

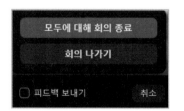

❸ 위 화면에서 다른 수강생이 있는 상태에서 [회의 나가기]를 클릭하면 다른 사람에게 새 호스트를 지정할 수 있습니다.

04 : 스마트폰으로 Zoom 참여하기

강사들은 스마트폰으로 강의하는 것을 추천하지 않습니다. 그러나 수강생들은 스마트폰으로 강의 참여를 하는 경우도 많으므로 수강생의 입장에서 Zoom 참여하는 방법을 살펴보기로 합니다. 따라서 이것만 알면 수강생들이 스마트폰으로 강의에 참여해서 모든 기능을 사용할 수 있습니다.

또한, 강사들도 PC로 접속하여 강의하면서 스마트폰으로도 동시 접속해서 강의 화면이 어떻게 보이는지 확인하는 것이 좋으므로 알아둘 필요가 있습니다.

1. 강의 참여하기

강사로부터 줌(Zoom) 주소 링크를 문자로 받았을 경우 클릭하면 바로 참석이 가능합니다. 또다른 방법으로는 회의 아이디를 넣는 방법도 있습니다.

회의를 참여했을 때 보이는 모습으로 인터넷 전화로 들어가면 됩니다.

여기서 잠깐!

강사가 PC 화면과 스마트폰을 같이 켠 경우 하울링 소리가 납니다. 이럴 때는 [더보기] – [오디오 연결 끊기]를 하면 됩니다.

2. 채팅하기

3. 이름 바꾸기

바꾸고 싶은 이름을 클릭하여 [이름 바꾸기]를 하면 됩니다.

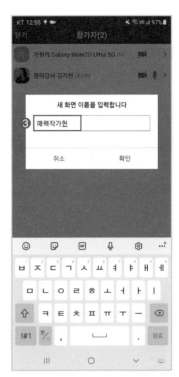

4. 주석 작성하기

화면 공유 후 강의 자료 위에 주석 작성하는 방법은 아래와 같습니다. 연필 모양을 클릭하면 주석을 작성할 수 있습니다.

5. 스마트폰을 웹캠으로 사용하기(DroidCam 이용)

웹캠이 없는 경우 스마트폰을 웹캠 대용으로 사용할 수 있습니다. 스마트폰을 웹캠으로 사용할 수 있는 앱은 여러 가지입니다. 그중 DroidCam으로 Wifi 무선 연결했을 때 사용법을 알려드립니다.

PC 설치

드로이드캠(https://www.dev47apps.com)을 먼저 설치합니다.

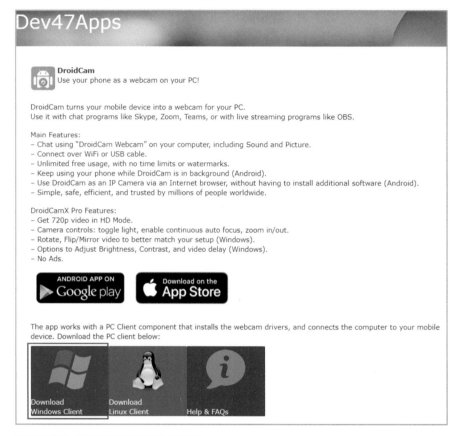

스마트폰 설치

[구글플레이]에서 DroidCam 검색 후 설치한 다음 [알겠습니다]를 클릭하면 IP 주소가 나옵니다. 그 IP 주소를 PC에 입력합니다.

 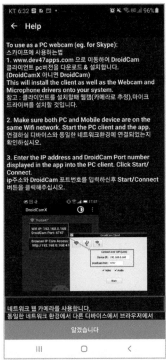 

Device IP 주소를 넣고 Strat로 실행시키면 바로 웹캠이 연동되어 보입니다.

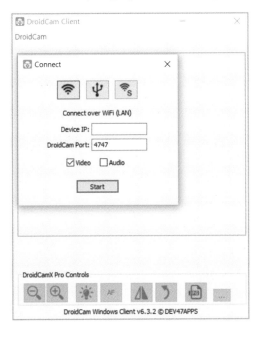 

왼쪽은 스마트폰에서 보이는 영상이고 오른쪽은 PC에서 보이는 영상입니다.

이렇게 스마트폰 웹캠을 Zoom에서 실행시켜 봅니다. Zoom 회의 시작을 하고 [비디오 중지]-[꺾쇠표]를 클릭하면 DroidCam Source2가 보입니다. 새로운 카메라로 선택하면 아래와 같이 회의 메인창에 스마트폰 카메라로 비치는 화면이 보입니다. 이렇게 스마트폰 카메라로 웹캠을 굳이 사지 않아도 대체하여 사용할 수 있습니다.

6. 스마트폰(삼성)을 Zoom에서 보여주기

아이폰과 아이패드의 경우 Zoom에서 화면 공유시 바로 보입니다.

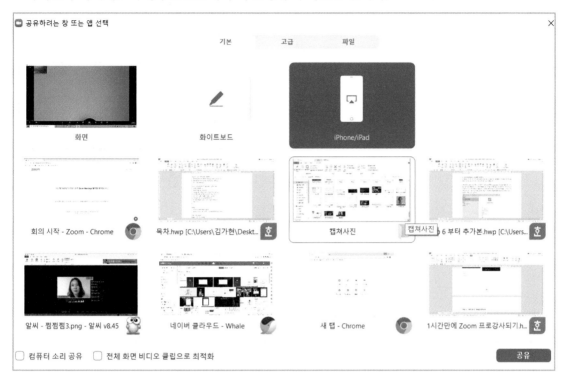

삼성폰은 미러링을 해서 Zoom에서 보여주면 됩니다. 여러 가지 방법 중 하나를 소개합니다. 스마트폰에 삼성 Flow 앱을 설치합니다. 삼성 노트북에서 Samsung Flow 앱을 찾은 다음과 같은 Wifi 네트워크 환경이거나 LAN에 연결합니다. 시작을 누르면 같은 인증번호가 노트북과 스마트폰에 보이고 각각 [확인]을 누릅니다. 노트북에 스마트폰이 나오며 스마트뷰를 누르면 내 스마트폰 모양이 나옵니다. 화면 공유를 실행 후 스마트폰 화면을 클릭하면 수강생에게 내 스마트폰이 그대로 노출됩니다.

05 : Zoom 강의 실전 정복하기

1. 참여형 강의(소통 강의)로 바꾸는 Zoom 실전 팁 5가지

나 컴맹인데 Zoom으로 강의를 하라고요?

온라인 라이브 강의 어떻게 하면 '잘' 할 수 있을까?

내 온라인 강의를 기억에 남게 하려면?

Zoom 강의를 쌍방향으로 할 순 없을까?

소통하는 강의로 만들고 싶다.

제 강의가 지루하다고 해요.

강의가 끝난 후 만족도 조사를 했을 때 사람들이 '강의가 좋았다', '별로였다'를 판단하는 기준은 강의를 하는 동안의 분위기입니다. 즉, 수업 분위기가 수업의 만족도를 결정하기 때문에 초반부터 분위기를 잘 이끌 수 있도록 훈련이 필요합니다. 오프닝만 잘해도 그 강의는 기억에 남습니다. 특히 수강생들을 몰입할 수 있는 장치를 마련하는 것이 중요합니다. 초보 강사들은 실수할까봐 긴장한 상태로 본인 강의만 전달하는 방식을 선호합니다. 그러나 Zoom에서 몇 가지 기능만 잘 활용하면 강의가 더 매끄러워지고 부드러운 분위기가 연출됩니다.

음성보다는 채팅창을 활용하자

채팅창을 통해 수강생에게 질문을 던지거나 혹은 수강생들로부터의 질문을 받습니다. 음소거 해제를 하고 한꺼번에 얘기하는 경우 오디오가 겹칠 수 있고, 수강생이 많은 경우 서로 눈치를 봐서 말을 안 하는 경우가 많습니다. 이럴 때 채팅창에 질문을 남기라고 하면 좀 더 적극적으로 수업에 참여할 수 있게 됩니다.

Zoom 강의를 많이 해본 사람일수록 채팅창 관리를 잘합니다. 강의하면서 채팅창을 보는 기술은 연습이 필요합니다. 채팅창을 보는 그 순간 강사는 잠깐 멈추게 되는데 수강생들에게는 어색한 순간입니다. 그래서 숙달될 동안에 자연스럽게 "채팅창을 한번 확인하고 가겠습니다." 등의 양해를 구하면 좋습니다. 강사 나름대로의 채팅창 작성 기준을 미리 정해 놓는 것도 좋습니다. 예를 들어 강의가 다 끝난 후에 채팅창에 질문을 올려달라고 했을 때 수업과 무관한 질문인 경우는 채팅창 비공개로 요청하여 다른 수강생이 볼 수 없도록 만듭니다.

강사가 다른 기기로 접속하여 채팅창만 따로 보면서 확인할 수도 있습니다. 채팅창으로 참여를 유도하기 위해 "중요한 구절 혹은 강조 문구를 채팅창에 다 같이 한번 써볼까요?" 라고 해서 최대한 수강생들이 강의에 참여할 수 있도록 하는 것도 방법입니다.

비디오 보며 수강생에게 말 걸기
Zoom 강의 장점 중 하나는 수강생이 본인 모습을 비디오 중지를 통해 안 보이도록 하는 것입니다. 어디서든 들을 수 있는 강의인 만큼 편한 차림으로 들을 수도 있기 때문입니다.

그러나 가능하면 수강생 모습을 보면서 강의하는 것을 권합니다. 수강생에게 비디오를 켜 달라고 하세요. 그러면 그 수강생을 보며 강의를 하거나 질문을 할 수 있습니다. 비디오를 보면서 수강생을 호명하면 다른 수강생도 더 집중하게 되고 강사도 수강생의 리액션을 볼 수 있는 이점이 있습니다. 특히 수업 전 먼저 들어와 있는 수강생의 안부도 묻는 등 강사와 수강생 모두 긴장을 풀 수 있는 시간도 가질 수 있습니다.

아이스 브레이킹을 위한 Activity 넣기
• 퀴즈(Quiz) 내기
난센스 퀴즈도 좋고 수업에 관련된 퀴즈를 내는 것도 좋습니다. 처음에 퀴즈로 시작하고 마지막에 답을 알려주는 것도 끝까지 강의를 집중할 수 있게 하는 방법입니다. 강의를 듣다가 퀴즈가 나오면 지루할 수 있는 온라인 강의에 집중도를 높여줍니다.

강의에서 중요한 부분을 퀴즈로 내거나 강의와 관련된 질문을 하고 답은 채팅창이나 주석을 활용합니다.

• 질문하기

자연스럽게 강사가 질문을 던지는 것도 중요합니다. 아이스 브레이킹할 질문은 쉽고 단순해야 합니다. 예를 들어 사는 곳 질문을 하는 것입니다. Zoom 강의 장점은 해외에서도 줌 주소 링크만 있으면 접속 가능합니다. 따라서 사는 곳을 물어본 후 필자와 사는 곳이 가장 먼 분에게 말을 거는 등 함께 즐길 수 있는 시간을 가질 수 있습니다. 오프라인이라면 만나기 어려웠을 텐데 Zoom이 있어 이렇게 만나 뵙는 인연도 좋고요.

• 게임하기

승부를 낼 수 있는 게임이면 수강생들이 이기기 위해 열심히 합니다. 예를 들어 1~50까지 숫자를 제시한 후 누가 가장 먼저 숫자를 세는지 승부가 있는 게임도 집중도를 높여주고 지루할 수 있는 강의에 호응도를 높이는 방법입니다.

승부를 요하지 않는 게임 중 어느 것이 더 좋은지 게임이 있습니다. 이는 회사나 기관에서 듣는 수업일 때 "짬뽕이 좋은가? 짜장면이 좋은가?" 같은 단순 질문을 하고 난 후 "그럼 수업 끝나고 짬뽕 먹으러 갈까요?"나 직속 상사에게 "직원들은 짬뽕을 더 좋아한다고 합니다." 같은 형식으로 농담을 던지면 수업 분위기가 부드러워질 수 있습니다.

• 노래나 영상 보여주기

강의만 하는 것보다 수업과 관련 영상을 보여주면서 수강생들의 집중도를 높이는 것도 좋습니다. 단, 영상은 끊기지 않는지 미리 확인하는 것이 중요합니다. 노래는 수업 시작 전이나 중간에 분위기 전환을 위해 틀어주는 것도 좋습니다. 이때 화면 공유에서 컴퓨터 소리 공유를 하는 것이 기본입니다.

다양한 아이스 브레이킹 활동을 위해 [스팟101]이라는 책을 추천합니다. 본인 강의에 맞는 Activity를 적용해서 강의를 업그레이드하는 것은 중요합니다.

주석 사용하게 하여 반응 유도하기

수강생들이 주석을 사용하게 하여 반응을 끌어냅니다. Zoom 강의가 아직 생소한 분들이 많습니다. 그럴 때 Zoom 기능을 이용해서 반응을 끌어내면 사람들이 Zoom에 대한 자신감이 생기고 친근하게 여깁니다.

예를 들어 무엇을 해봤는지 안 해봤는지 O, X 장을 만들어 참가자들이 주석 기능으로 동그라미를 하게 합니다.

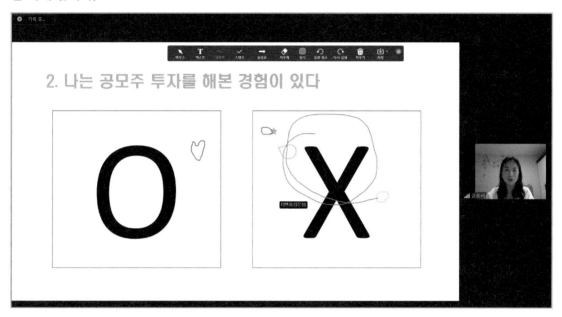

스티커 학습법이라는 것이 있습니다. 이는 강의가 시작되기 전 강사가 목차를 설명할 때나 이슈에 관해서 3가지 정도 아이템을 제시한 뒤 가장 관심 있거나 재미있는 것에 스티커를 붙이게 합니다. Zoom 주석에 스탬프 기능이 있어서 스티커 대신 스탬프로 강의 초반에 수강생들의 관심사를 살펴볼 수도 있습니다.

함께 스트레칭 하기

쉬는 시간이나 수업 중간에 같이 스트레칭도 하고 박수 치는 시간을 갖는 등 강의 중 몸을 움직이는 시간을 갖는 것도 좋습니다.

여태까지 Zoom 강의를 하면서 호응도가 높고 강의 평가 결과가 좋았던 수업들은 앞서 말한 5가지 스킬을 적재적소에 넣어서 수강생들의 반응을 이끌어낸 강의였습니다. 강의 내용에 따라 다르겠지만 강사 혼자서 처음부터 끝까지 정보 전달만 하는 강의는 오프라인에서도 수강생들이 힘들어합니다. 온라인 강의는 더하겠죠? 소통하는 강의로 만들어 봅시다.

2. 강의 종류에 따른 Zoom 스킬

소규모 모임(스터디, 독서, 운동 모임)

필자는 다이어트 프로그램인 [미인 프로젝트]를 운영하면서 매달 Zoom Meeting을 하고 있습니다. 미인 프로젝트의 핵심 중 하나는 다이어트 댄스입니다. 그래서 Zoom을 켜놓고 앞에서 같이 춤을 춘 적도 있습니다. 이렇듯 Zoom에서는 못할 것이 없습니다. 요가원에서 Zoom으로 요가 동작을 보여주며 선생님이 수강생들을 한 명씩 호명하고 자세를 봐주는 것을 보았습니다. 이처럼 홈 트레이닝으로도 Zoom을 사용할 수 있습니다.

스터디나 독서 모임인 경우 리더가 순서를 어떻게 정하고 안내하느냐에 따라 오프라인 모임처럼 소통이 가능한 온라인 미팅을 할 수 있습니다.

자료가 필요 없는 소규모 모임이므로 갤러리 보기를 해서 한 화면에 서로의 얼굴이 보이도록 합니다. 그런 다음 자연스럽게 말을 할 수 있게 지정하여 질문하고 대화를 합니다. 중요한 것은 무조건 수강생에게 맡기지 말고 적절히 유도하는 것이 좋습니다.

예를 들면 "반갑습니다. 서로 근황부터 얘기할까요? 해피오미님부터 시작하고 해피오미님이 그다음 사람을 지정해주세요."

이런 식으로 순서를 정해야 눈치 보지 않고 본인 차례 때 얘기를 할 수 있습니다.

소규모 강의(30명 미만)

강의는 음소거가 필수입니다. 무조건 음소거를 기준으로 한 뒤 스페이스바를 길게 누르면 음소거 상태에서 수강생이 말을 할 수 있으니 그 방법을 알려주는 것이 좋습니다.

초보 강사라면 진행이나 도움을 줄 만한 사람을 포섭해서 강의 시 그 사람이 음소거나 채팅창 관리를 하도록 맡기고 자신은 강의에만 집중할 수 있는 환경을 만드는 것도 방법입니다. Zoom 사용이 익숙하지 않은 초보자인 경우 본인 마이크가 켜져 있는지도 모르는 경우가 많습니다. 그럴 때는 닉네임을 부르거나 지금 제가 모두 음소거를 하겠습니다. 이렇게 한 후 마이크가 켜져 있는 수강생을 음소거해 줍니다.

강사일 경우 오디오 환경을 클린하게 할 필요가 있습니다. 또한 사무실인 경우 동료가 내린 커피 추출기 소리가 여러 번 들린 적도 있고 공간이 커서 생기는 하울링 소리도 주의해야 합니다. 밀폐된 단독 공간을 추천합니다.

대규모 강의(100명 이상)

꼭 진행 요원을 둬서 강의가 산만해지지 않도록 주의를 기울입니다. 계속 음소거를 강조하는 이유는 오프라인 강의면 작은 소리로 옆 사람과 소곤거릴 수 있지만, Zoom에서는 수강생이 음소거를 하지 않는 경우 그 사람이 말을 하지 않아도 주변 소음까지 들릴 수 있습니다. 차 소리, 다른 가

족들의 말소리, TV 소리가 들릴 수 있으므로 강의에 집중도가 떨어집니다. [보안]에서 4가지 기능을 체크하는 것도 방법입니다.

3. 많이 묻는 질문(Q&A)

수강생들에게 어떻게 문자나 이메일을 보내나요?

문자(카카오톡)의 경우 간단하게 줌(Zoom) 주소 링크를 복사해서 붙입니다. 오픈 단체톡 방이 개설된 경우 줌 주소는 회의 예약 창에서 Invite Link 초대 복사 후 줌 주소 링크를 채팅방에 올려줍니다.

이메일로 보낼 경우 처음 Zoom에 들어올 때 가입 방법에 대해 같이 보내 주는 것이 좋습니다.

소리가 안 들려요.

Zoom에 들어올 때 가장 많이 듣는 질문 중 하나입니다. PC인 경우 컴퓨터 오디오로 입장하게 되고 스마트 폰인 경우 인터넷 전화로 접속합니다. PC에서 컴퓨터 오디오로 참가했는데도 안 들린다면 음소거 옆에 꺽쇠표를 클릭하여 마이크, 스피커가 해당 장치에 맞는지 확인하도록 합니다.

노랫소리는 어떻게 공유하나요?

화면 공유할 자료가 있다면 노래를 재생시키고 처음 강의 안내사항을 화면 공유로 띄운 후 [더보기]에서 [컴퓨터 소리 공유]를 클릭합니다. 노랫소리뿐만 아니라 컴퓨터에서 재생되는 소리가 잘 들리기 위해서는 [컴퓨터 소리 공유]를 해야 합니다.

처음 수강생들이 들어올 때 어색해요.

필자는 줌(Zoom) 회의 창을 강의 20분 전에는 오픈합니다. 강의 안내사항을 띄우고 노래를 틀어 소리가 잘 들리는지 매번 확인합니다. 처음 참여하는 분들은 5분 전에는 강의에 들어오도록 해서 소리가 잘 들리는지 확인하는 메일을 미리 보냅니다. 수강생이 들어오는 시간이 조금씩 다르기 때문에 그때그때 노래나 안내사항을 띄워둬서 서로 어색하지 않게 합니다.

영상 공유는 어떻게 하나요?

Zoom에서 동영상을 재생했을 때 트래픽이 많이 걸리면 멈추고 느려질 수 있어서 영상은 추천하지 않습니다. 그러나 인터넷을 화면 공유하여 유튜브 재생을 하면 속도가 크게 느려지지 않습니다. 이렇게 영상을 공유하는 것은 괜찮습니다. 처음 시도해 볼 때에는 꼭 강의 전에 수강생의 입장에서 유튜브 재생이 잘 되는지 영상이 끊기지 않는지 확인해보시는 것도 좋습니다.

수강생이 제 화면이 끊긴다고 해요.

학원의 경우 공유기를 쓰는 경우가 많습니다. 여러 명의 학원 선생님이 같은 시간에 Zoom을 사용하면 원활하지 않을 수 있습니다. 랜선을 업그레이드하거나 데이터가 무제한이라면 본인 스마트폰에서 핫스팟을 이용하는 것도 방법입니다.

무선 이어셋은 어떤가요?

최신 제품인 갤럭시 버즈인 경우 잘 들리는 것을 확인했습니다. 그러나 전에 다른 무선 이어셋은 몇 번 끊기고 소리가 들렸다 안 들렸다 하는 경우가 있었습니다. 미리 확인 절차를 반드시 하고 무선보다는 유선을 권장합니다.

슬라이드는 얼마나 준비해야 할까요?

온라인 강의 특성상 강사의 말이 끊기면 많이 어색합니다. 그래서 말이 평소보다 빨라집니다. 1시간 30분 강의에 슬라이드는 최소 70장 준비하는 것을 추천합니다. 숙련된 강사면 시간 조절을 잘합니다. 그러나 초보 강사의 경우 시간을 초과하거나 채우지 못하는 경우가 있습니다. 오히려 채우지 못해서 할 것이 없어 보일 때가 가장 곤혹스럽습니다. 오프라인 강의 준비하는 것보다 10분 더 강의 내용을 준비하시는 것이 좋습니다. 가장 좋은 방법은 Zoom에서 연습해보고 시간 배분을 하시는 것입니다.

결제 취소는 어떻게 해야 하나요?

자동결제 취소는 Zoom 홈페이지에서 가능하나 이미 결제 한 것을 취소하고 환불받기 위해서는 Zoom Billing 부서로 연락해야 합니다. 이메일(billing@zoomus.zendesk.com)로 청구서 번호를 알려주고 결제 관련 문의를 합니다.

맺음말

1. 온라인 강의의 장점과 활용법

❶ 어느 장소에서든 할 수 있다.
코로나 이후 오프라인 강의 대부분이 취소되고 있습니다. Zoom 온라인 강의는 어디서든 강의할 수 있고 수강생도 스마트폰만 있으면 누워서도 들을 수 있습니다. 오프라인 강의는 서울에 집중되어 있지만 온라인 강의는 지방에서도 편하게 들을 수 있습니다.

❷ 녹화본을 받을 수 있다.
온라인 실시간 강의를 못 들었을 경우 녹화본을 받을 수 있습니다. 대부분 강사들이 녹화를 하기 때문에 그 시간에 강의에 참여를 못 했더라도 녹화본 문의를 해보는 것을 추천합니다. 특히 어린 아이들이 있는 엄마의 경우 아이들 때문에 저녁 강의를 놓쳤다면 녹화본으로 복습할 수 있습니다. 그러나 실시간 강의에 최대한 참여하길 추천합니다. 녹화본만 믿고 미루다가 결국 못 듣는 경우가 많기 때문입니다.

❸ 강의비가 저렴하고 강사 데뷔하기에 좋은 장치이다.
장소 대여를 할 필요가 없고 수강생이 많아도 줌 주소 링크만 알면 모두 같이 실시간으로 들을 수 있습니다. 그러므로 강의료를 오프라인보다 적게 책정합니다. 또한, 강의장을 빌리고 결석하는 사람들을 크게 신경 쓰지 않아도 됩니다. 스터디 모임 리더부터 시작해서 본인 프로그램을 만들고 강의를 시작해보기에 좋은 도구입니다. 한두 명으로 시작하더라도 부담 없기 때문입니다. 그래서 내 콘텐츠를 알리고 모집을 하고 Zoom에서 온라인 강사 데뷔를 하는 사람이 늘고 있습니다.

2. 온라인 강의로 강사 되자! 나도 오늘부터 Zoom 강사다

❶ 본인 콘텐츠를 온라인 강의에 맞게 다듬는다.

이 책을 구매한 사람이라면 강사를 지망하거나 강사이실 겁니다. 그동안 오프라인 강의를 했다면 그 자료를 온라인 강의에 맞게 수정합니다. Zoom을 실행하고 공유할 강의 자료를 보면서 연습하면 됩니다. Zoom을 실행하여 연습하시고 스마트폰 등 다른 기기로 자신의 강의하는 모습이 어떤지 파워포인트는 잘 넘어가는지 확인합니다.

여기서 잠깐!

조별 모임이 있으면 소회의실 기능을 적극적으로 이용하고 수강생이 작성해야 할 것이 많은 수업이라면 화이트보드 기능을 이용하거나 한글 혹은 워드 파일을 각자 만드는 시간을 주고 수강생이 직접 화면 공유를 해서 발표하는 것도 방법입니다.

❷ 강의는 강사 하기 나름이다.

오프라인 강의에서 강자였던 강사가 온라인 강의로 넘어왔을 때 주춤할 수가 있습니다. 컴맹이어서, 새로운 것을 익히는 것이 두려워서, 내 얼굴이 노출되는 것이 싫어서 등등 많은 이유가 있습니다.

온라인 강의에서 강사들이 느끼는 고충들을 대략 아래와 같습니다.

"벽보고 얘기하는 것 같다."
"혼자만 떠드는 것 같다."
"수강생의 에너지를 전혀 받을 수 없다."

그러나 이 시점에서 온라인 강의는 더는 피할 수 없습니다. 모르면 정보격차에 뒤처져서 좋은 기회를 놓칠 수밖에 없습니다. 온라인 강의도 지속해서 경험하고 노하우를 쌓다 보면 베테랑 Zoom 강사가 될 수 있습니다.

❸ 자연스러운 대처가 필요하다.

컴퓨터로 하는 온라인 강의인 만큼 어떤 돌발 상황이 발생할지 모릅니다. 어제까지 성능이 좋았던 마이크가 갑자기 지지직거리는 경우가 있었고, 여행지에서 강의하던 강사는 와이파이 환경이 좋지 않아 중간에 몇 번씩 끊기는 상황이 발생했습니다. 주석에서 지우기를 못해서 강의 내내 강의 자료에 낙서가 되어있는 일도 있고, 질문을 채팅창으로 하라고 해놓고 강사가 채팅창을 못 찾아서 헤맨 적이 있습니다. 분명 집에서는 영상이 잘 재생되었는데 다른 강의장에서 하니 영상이 죄다 끊기는 경우도 봤습니다.

이런 때일수록 자연스럽게 대처해야 합니다. 강사가 당황해서 "제가 Zoom 강의가 처음이어서요. 너무 죄송합니다." 하면서 초보 티를 낼 필요가 없습니다. "지금 상황이 이러한데 영상은 따로 이메일로 보내드리겠습니다.", "채팅창이 안 보인다면 질문을 누구님께서 읽어 주실 수 있을까요?" 등 그 상황에 맞게 하면 됩니다.

당연히 실수할 수 있습니다. 그 실수를 잘 넘어간다면 강사는 더 자신감이 생길 것입니다.

❹ 관심 있는 분야가 생겼다면 강의부터 할 요량으로 해보자.

필자도 온라인 강의에 참여만 하는 Zoom 수강생이었습니다. 그러나 Zoom 강의를 매주 2회 이상 진행하고 강사들의 Zoom 온라인 강의 시연을 도우면서 겪었던 노하우와 Zoom 사용법 몇 가지만 알면 강사들이 사용하기에 참 쉽다고 생각했습니다. 그 몇 가지로 인해 강의 전달력, 집중도가 달라지니 초보 강사들에게 Zoom에서 잘하는 강사들 스킬을 알려주었습니다.

물론 강의 경험도 적은 강사들은 알려줘도 처음부터 그 스킬을 다루기에 무리가 있습니다. 그러나 알면서 안 하는 것과 아예 모르는 것은 다릅니다. 경험이 없어서 처음에는 적극적으로 못했으나 알고 있는 기능이기에 점차 자신감이 생기면서 한두 가지씩 본인 강의에 적용하다 보면 어느새 프로 강사가 될 것입니다.

컴퓨터나 이런 Tool에 크게 관심 없는 평범한 주부인 필자도 초보 강사들이 꼭 익혔으면 좋겠다고 생각한 것들을 기록하다 보니 이렇게 Zoom 사용법 강의를 하고 책까지 내게 되었습니다. 이 책은 앞으로 강의하기에 더없이 좋은 자료가 될 것입니다.

안내 메일 보내기

안녕하세요?
줌타강사 김가현입니다.

줌(Zoom)을 20분 전에 열 예정입니다. 그전에는 들어오실 수 없는 점 양해 부탁드립니다.
입장 시 신청하신 닉네임으로 들어오시면 인원 체크 하겠습니다.
처음 입장하시는 분들은 꼭 10분 전에는 들어오셔서 음악이 들리는지 확인 부탁드립니다.^^

1. 줌 주소 링크

- 일시 : 9월 1일(화) 21시~22시 30분(1시간 30분 강의)
- Zoom 회의 참가(비밀번호가 없는 경우)
- https://us02web.zoom.us/j/87900872239
- 회의 ID: 879 0087 2239

2. ZOOM 설치

➔ 참가자들은 회원가입이 필요 없으나 다운로드가 되어있어야 참여가 가능하니 꼭 미리 설치해
주세요~

모바일 태블릿의 경우
아이폰 유저분들은 크롬으로 들어오시기를 추천하고 인터넷 전화 클릭하셔야 소리가 들립니
다.^^

〈애플 앱스토어〉

https://apps.apple.com/us/app/id546505307

〈구글 플레이스토어〉

https://play.google.com/store/apps/details?id=us.zoom.videomeetings

컴퓨터, 노트북의 경우

https://zoom.us/download (회의용 Zoom 클라이언트 다운로드 클릭)

수업 전 안내사항 PPT

줌타강사 줌(Zoom) 사용법 수업 안내 사항

1. 강의는 정시에 시작합니다.
2. 음악소리 들리는지 확인 후 안 들린다면 스마트폰은 인터넷 전화로 들어오기!
   터치 후 왼편의 오디오 참가 클릭한 다음, 장치 오디오 통해 통화를 클릭 하세요.
   PC의 경우 컴퓨터 오디오로 참가해 주세요.
3. 강의중 반드시 음소거 해주시기 바랍니다.
4. 본 강의는 저작권법에 의해 무단 캡쳐, 무단 배포, 무단 전송을 금지하며 위 사항을
   위반 시 법적 책임을 질 수 있습니다.
5. 이 강의는 초보자용 입니다.
6. 이 강의는 녹화본을 드리고 컨텐츠 보호를 위해 2주간 시청 가능 하십니다.

지금부터 레코딩 시작하겠습니다.